གྲངས་ཉུང་མི་རིགས་ཀྱི་དཔེ་སྐྲུན་ཆེད་སྒྲོད་མ་དངུལ་གྱི་རོགས་སྐྱོར་རྣམ་གྲངས།
民族文字出版专项资金资助项目

藏族爱国佛学家 格达活佛画传

ཡི་གེ་བ། དོན་གྲུབ་ལྷ་མོ།
撰文　邓珠拉姆

རི་མོ་བ། རིག་འཛིན་རྣམ་རྒྱལ། རིག་འཛིན་བསམ་གཏན།
绘著　仁真朗加　仁真桑丹

སི་ཁྲོན་མཛེས་རྩལ་དཔེ་སྐྲུན་ཁང་།
四川美術出版社

格达活佛

1

དཀར་མཛེས་པེ་རི་དགོན་པའི་མཆོག་སྤྲུལ་དགེ་རྟག་སྐུ་ཕྲེང་ལྔ་པའི་ཆོས་མཚན་ལ་བློ་བཟང་བསྟན་འཛིན་གྲགས་པ་མཐའ་ཡས་ཞེས། 1902ལོར་སི་ཁྲོན་ཞིང་ཆེན་དཀར་མཛེས་རྫོང་པེ་རི་ཤང་གི་བདེ་སྐྱིད་སྟེང་གྲོང་པའི་ཁྲལ་པ་དབུལ་པོ་ཞིག་གི་ཁྱིམ་དུ་སྐུ་འཁྲུངས། གཞོན་དུས་ནས་རིག་པ་གསལ་ཞིང་སྦྱང་སྒྲུང་དོད་པོ་ཡིན་པ་དང་། ལས་ལ་བརྩོན་ཞིང་། ཡབ་ཡུམ་གཉིས་ཀྱིས་སྙིང་གཅེས་བྱམས་སྐྱོང་གནང་བ་རེད།

格达活佛，藏族，法名洛桑登真・扎巴他耶。1902年出生于四川甘孜县色西底村的一个贫农家庭，自幼聪颖过人，喜好劳动，深得父母喜爱。

格达

2

活佛

དགེ་རྟག་རིན་པོ་ཆེ་དགུང་ལོ་བདུན་ལ་སླེབས་དུས། དཀར་མཛེས་བེ་རི་དགོན་པའི་སྤྲུལ་སྐུར་ངོས་འཛིན་བྱས། དགུང་ལོ་བཅུ་བདུན་ལ་བོད་ལྗོངས་ལྷ་སའི་དགའ་ལྡན་དགོན་པར་ཆོས་གསན་སྦྱོང་གནང་ནས་ལོ་བརྒྱད་དུ་འཆད་ཉན་སྒོམ་སྒྲུབ་གནང་བས་གླིང་བསྲེའི་དགེ་བཤེས་ཀྱི་གོ་མིང་ཐོབ་རྗེས། བེ་རི་དགོན་པར་ཕྱིར་ཕེབས་པ་རེད།

格达7岁时，被认定为甘孜白利喇嘛寺活佛。17岁去西藏拉萨甘丹寺学经，8年后获得格西学位，回到白利寺。

格
达
活
佛

3

དགེ་རྟག་རིན་པོ་ཆེ་དགུང་ལོ་ཕྲ་བའི་དུས་ནས་མི་སེར་གྲོད་དུ་འཚོ་བའི་སྐབས་ཀྱིས། ངལ་རྩོལ་མི་དམངས་ལ་བྱམས་ཤིང་། བེ་རི་དགོན་པར་ཐོབ་པའི་འགྱེད་སྐལ་ལས་དགོན་པ་རང་ལ་འགྲོ་སོང་གཏོང་བ་ཕུད། དབུལ་ཕོངས་རྣམས་ལ་སྦྱིན་པ་མཛད། ཁོང་བོད་སྨན་ལ་མཁས་པས། དུས་རྟག་ཏུ་ཉེ་འཁོར་ཞིང་འབྲོག་དབུལ་པོ་རྣམས་ལ་སྨན་བཅོས་གནང་རོགས་མཛད་པ་དང་། མང་ཚོགས་ཀྱིས་ཁོང་ལ་དད་གུས་ཆེན་པོ་བྱེད་དོ། །

格达活佛从小在农村生活，对劳动人民有较深感情。白利寺所得布施，除供奉寺庙外，他都用来救济穷人。他学习藏医术，经常为附近贫苦农牧民治病施药，深得劳苦群众爱戴。

格达活佛

4

བེ་རི་དགོན་པ་ནས་དུས་རྒྱུན་དུ་དྭ་ཕྲུག་དང་རྒས་འཁོགས་སྐྱོ་པོ་རྣམས་བསྡུ་ཉར་བྱས་ཤིང་། དགེ་རྟག་རིན་པོ་ཆེས་ཚང་མར་བྱམས་བརྩེས་སྐྱོང་ཞིང་སློབ་གསོ་གནང་བ་རེད།

白利寺经常收容流离失所的孤儿和老人，格达活佛亲切地照顾老人、教育孤儿。

格

达

5

活

佛

1935ལོར་ཀྲུང་གོ་ཀུང་ཁྲན་ཏང་གིས་དབུ་ཁྲིད་མཛད་པའི་བཟོ་ཞིང་དམར་དམག་བྱང་བསྐྱོད་རི་འགོག་བྱེད་པར་ཐེབས་ཆེད། ཀུའེ་ཀྲོའུ་དང་། ཡུན་ནན་ཞིང་ཆེན་བརྒྱུད་དེ་ཤི་ཁམས（དེང་གི་སི་ཁྲོན་དཀར་མཛེས་བོད་རིགས་རང་སྐྱོང་ཁུལ）ཞིང་ཆེན་དུ་སླེབས་པས། ལོག་སྤྱོད་དབང་སྒྱུར་པ་རྣམས་དངངས་སྐྲག་སྐྱེས་ནས་ཅི་བྱ་གཏོར་མེད་དུ་གྱུར། གོ་མིན་ཏང་ལོག་སྤྱོད་ཕྱོགས་ཁག་གིས་ས་གནས་ཀྱི་ལོག་སྤྱོད་སྟོབས་ཤུགས་དང་ངན་འབྲེལ་བྱས་ཏེ་དམར་དམག་ནི་མི་གསོད་འཕྲོག་བཅོམ་བྱེད་པའི་དམག་དཔུང་ཞིག་རེད་ཅེས་སྐྱུར་འདེབས་དང་དཀྲོགས་གཏམ་བཟོས་ཤིང་མང་ཚོགས་ཀྱིས་དམར་དམག་ལ་ཟས་འབྲུ་བཙོངས་མི་ཆོག་དང་། ལམ་ཁྲིད་མི་ཆོག སྐད་བསྒྱུར་བྱེད་མི་ཆོག་བཅས་པའི་བརྡ་ཁྱབ་བཏང་བ་དང་། བཙན་ཤེད་ཀྱིས་མང་ཚོགས་རི་དང་ནགས་ལ་ཡིབ་ཏུ་བཙུག་སྟེ་དམར་དམག་འཚོ་ཐབས་བྲལ་བར་བྱས་ན་བསམས།

1935年，中国共产党领导工农红军北上抗日，从贵州、云南进入西康（今四川甘孜藏族自治州一带）省境内。反动统治者惊惶失措，国民党反动派勾结地方反动势力，在群众中散布谣言，污蔑红军是杀人放火的军队，通告群众不准卖粮食给红军，不准给红军带路、当通司（翻译），并胁迫群众上山躲藏，企图置红军于死地。

格达活佛

6

དགེ་རྟག་སྤྲུལ་སྐུ་ཡིས་བར་སྐབས་ཤིག་ལ་དཀྲོགས་གཏམ་དེ་ཚོའི་བདེན་རྫུན་དབྱེ་འབྱེད་མཛད་མི་ཐུབ་པའི་ཚེ། མི་བཏང་ནས་དམར་དམག་གིས་ཅི་བྱེད་གང་བྱེད་སྒྱུལ་ཞིབ་བྱེད་ཐོག སྐུ་ཉིད་དེ་མས་དམར་དམག་གི་བྱ་སྤྱོད་ལ་གསང་བར་གཟིགས་པར། དམར་དམག་དཀར་མཛེས་ལ་སླེབས་རྗེས་སྲིག་ཁྲིམས་དམ་པོ་ཡིན་པ་དང་། སྐད་ཆ་འཇམ་པོ་བཤད་པ། ཉོ་ཚོང་དྲང་གཞག་ཡིན་པ། མང་ཚོགས་ལ་གནོད་འཚེ་སྤུ་ཙམ་མི་སྐྱེལ་བ་སོགས་མཐོང་བ་དང་། དེ་ནས་ཁོང་དགོན་པར་ཕྱིར་ཕེབས་ནས། མཆོད་ཁང་དང་ལྷ་སྐུ་ཆོས་རྫས་ཚང་མར་སྐྱོན་ཆ་སྤུ་ཙམ་ཐོག་མེད་པར་རང་འཇགས་བསྡད་ཡོད་པར་གཟིགས་རྗེས་དམར་དམག་ལ་དོགས་པ་རྩ་བར་བསལ་ནས་སྐུ་ཉིད་ཀྱིས་ཀུང་གང་ཐུབ་ཀྱིས་མང་ཚོགས་ལ་གོ་སྐོན་བློ་འགུག་གནང་ནས། རི་དང་ནགས་ལ་གབ་བསྡད་པའི་སེར་སྐྱ་དམངས་ཚོགས་སོ་སོའི་ཁྱིམ་དུ་ལོག་སྟེ་བདེ་སྡོད་ལས་བཙོན་བྱེད་ཤོག་ཟེར་བའི་བཀའ་ཆ་བསྒྲུར་བ་རེད།

格达活佛一时辨别不出真伪，便派人探听红军的动向，自己也躲藏起来暗中观察。他看到红军在寨子里没有放火烧村庄，没有杀人抢劫，疑惧渐消，便准备回寺。他在回寺的途中遇到红军干部，红军干部向他解释红军是中国共产党领导的队伍，专门为穷人打天下，到这里是为了北上抗日。他很受感动。回寺后，他见经堂、佛像都完好无损，便打消了疑虑，尽力地说服群众，让上山的藏族群众各自回家。

格达活佛

7

དགེ་རྟག་སྤྲུལ་སྐུས་གོ་སྐོན་བློ་འགུག་གནང་བ་དང་དམར་དམག་གི་བྱ་སྤྱོད་བཟང་པོས་མང་ཚོགས་ལ་སེམས་འགུལ་ཐེབས་པའི་དབང་གིས། མང་ཚོགས་ཀྱིས་ཟས་འབྲུ་དང་། རྟ་ཆག་སོགས་བསྡུས་གྲབས་བྱས་ཏེ་དམར་དམག་ལ་རོགས་སྐྱོར་ཧུར་བརྩོན་བྱས་པ་མ་ཟད། ད་དུང་རང་མོས་ཀྱིས་དམར་དམག་ལ་སྐད་བསྒྱུར་དང་། གསང་འཕྲིན་སྐྱེལ་བ། དམར་དམག་ལ་གླུ་གླིངས་ཞིང་བྲོ་འཁྲབ་བྱས་ནས་འཚམས་འདྲི་ཞུས་པ་རེད།

群众在格达活佛的说服和红军行动的感召下，积极筹备粮食、马料支援红军，并主动为红军当翻译、送情报，跳舞唱歌慰问红军。

藏漢一家人
軍需處

格

达

8

活

佛

བཀྲ་ཤིས་པའི་ཉི་མ་ཞིག་ལ། སྤྱི་ཁྱབ་སི་ལིང་ཀྲུའུ་ཏེ་ཡིས་དགེ་རྟག་སྤྲུལ་སྐུར་མཛའ་བརྩེ་ངང་མཇལ་འཕྲད་གནང་། སྤྱི་ཁྱབ་སི་ལིང་གིས་ཀྲུང་གོ་གུང་ཁྲན་ཏང་གི་མི་རིགས་སྲིད་ཇུས་དང་ཆོས་ལུགས་སྲིད་ཇུས་སྐོར་ལ་འགྲེལ་བཤད་ཞིབ་ཕྲ་གནང་བར་གསན་རྗེས། སྤྲུལ་སྐུ་ལ་སེམས་འགུལ་རབ་ཏུ་ཐེབས་ཤིང་། ཡོང་ཧུར་ཐག་གིས་ཀྲུང་ཧྭ་སུའུ་ཝེ་ཨེ་དཀར་མཛེས་བོད་པ་སྲིད་གཞུང་འཛུགས་རྒྱུའི་གྲ་སྒྲིག་ལས་དོན་ནང་ཞུགས་པ་རེད།

在一个吉祥的日子里，格达活佛受到朱德总司令的亲切接见，他聆听总司令详细地讲解中国共产党的民族政策和宗教政策，很受感动，便积极参加了中华苏维埃博巴政府的筹备工作。

格

达

9

活

佛

1936ལོའི་ཟླ་6པར་ཀྲུང་ཧྭ་སུའུ་ཝེ་ཨེ་བོད་པ་སྲིད་གཞུང་དཀར་མཛེས་རྫོང་ནས་དབུ་བརྙེས་པའི་ཚོགས་ཆེན་ཐོག དགེ་རྟག་སྤྲུལ་སྐུ་བོད་པ་སྲིད་གཞུང་གི་ཀྲུའུ་ཞི་གཞོན་པར་འདེམས་བསྐོ་བྱས་པ་དང་། སྤྱི་ཁྱབ་སི་ལིང་ཀྲུའུ་ཏེ་ཡིས་ཏང་གི་བྱེད་ཕྱོགས་དང་སྲིད་ཇུས། རི་འགོག་རྒྱལ་སྐྱོབ་བྱ་དགོས་ལུགས་སྐོར་གསུངས་ཤིང་། དེར་བོད་རིགས་མང་ཚོགས་ཀུན་གྱི་དགའ་བསུ་དང་བརྩི་བཀུར་ཐོབ་པ་རེད།

1936年6月，在甘孜县召开的中华苏维埃博巴政府成立大会上，格达活佛被选为博巴政府副主席。朱德总司令在会上讲解了党的方针政策和抗日救国的道理，受到藏族群众的欢迎和拥护。

蘇維埃波巴政府成立大會
中國工農紅軍

格
达

10

活
佛

ཀྲུང་ཧྭ་སུའུ་ལྷེ་ཨེ་བོད་པ་སྲིད་གཞུང་དབུ་བརྙེས་པའི་ཚོགས་ཆེན་ཐོག　དགེ་རྟག་སྤྲུལ་སྐུས་སེར་སྐྱ་མང་ཚོགས་ལ་མཐུན་སྒྲིལ་དམ་པོར་བྱས་ནས་ཐོན་སྐྱེད་ལེགས་སྒྲིལ་བྱ་རྒྱུ་དང་། དམར་དམག་ལ་རྒྱབ་སྐྱོར་བྱ་རྒྱུ། ནང་འཁྲུག་བཀོག་རྒྱུ། གཅིག་སྒྱུར་གྱིས་རི་འགོག་བྱ་དགོས་པ་བཅས་ཀྱི་འབོད་སྐུལ་བཏང་། ཚོགས་ཆེན་གྲོལ་རྗེས། ཁོང་གིས་ཀྲུང་དགོན་པའི་ནང་ནས་གྲྭ་པ་བཏང་སྟེ་མང་ཚོགས་ལ་དམར་དམག་དང་བོད་པ་སྲིད་གཞུང་གི་སྲིད་ཇུས་དྲིལ་བསྒྲགས་དང་། དྲིལ་བསྒྲགས་རྩ་ཚིག་སྦྱར་བ། མང་ཚོགས་ལ་སེམས་གསོ་བཅས་བྱས་པ་རེད།

在中华苏维埃博巴政府的成立大会上，格达活佛号召僧俗团结起来，搞好生产，支援红军，制止内战，一致抗日。会后，又派遣寺内喇嘛向群众宣传红军和中华苏维埃博巴政府的政策，张贴宣传告示，抚慰民众。

格达活佛

11

དམར་དམག་དཀར་མཛེས་རྫོང་ནས་རྫོག་ཐོན་ཏེ་བྱང་ཕྱོགས་སུ་རི་འགོག་བྱེད་དུ་འགྲོ་སྐབས། དགེ་རྟག་སྤྲུལ་སྐུས་དམར་དམག་ལ་ཟས་འབྲུ་དང་ཐབ་ཆས། ཁལ་ཟྫོག་རྟ་དྲེལ་སོགས་གྲ་སྒྲིག་ཏུར་ཐག་མཛད། ཞལ་གྱིས་ཁར་སྤྱི་ཁྲབ་སི་ལིང་ཀྲུའུ་ཏེ་ལགས་ཀྱིས་དགེ་རྟག་སྤྲུལ་སྐུ་དང་ཕྱག་གཏོང་རེས་གནང་ནས་“ང་ཚོ་བྱང་ཕྱོགས་སུ་རི་འགོག་བྱེད་དུ་འགྲོ་རྒྱུ་ཡིན། ཁྱེད་རྣམ་པས་མཐུན་སྒྲིལ་ཡག་པོར་བྱས་ནས་བོད་པ་སྲིད་གཞུང་གི་ལས་དོན་ཡག་པོར་བསྒྲུབ་དགོས། ང་ཚོ་མང་ན་ལོ་བཅུའམ་བཅོ་ལྔའི་ནང་ཚུན་ཚུར་ལོག་འོང་གི་ཡིན་པས། ང་ཚོ་ལ་རྒྱལ་ཁ་ཐོབ་ཡོང་ངེས་ཡིན་”ཞེས་གསུངས། དགེ་རྟག་སྤྲུལ་སྐུ་ཡིས་བརྩེ་དུང་ཟབ་མོའི་ངང་ནས་སྤྱི་ཁྲབ་སི་ལིང་ཀྲུའུ་ཏེ་ལགས་ཀྱི་ཕྱག་དམ་པོར་འཇུས་ནས་“དཀོན་མཆོག་གསུམ་ལ་དམར་དམག་ལ་བར་ཆད་དང་གནོད་འཚེ་མི་ཡོང་བའི་སྐྱབས་འཇུག་ཞུས་ཤིང་། ཁྱེད་རྣམ་པ་རྒྱལ་ཁ་ཐོབ་ནས་ལོག་ཡོང་བར་བསྒུག་བསྡད་རྒྱུ་ཡིན་”ཞེས་གསུངས།

红军要离开甘孜县北上抗日时，格达活佛又为红军积极筹备粮食、马匹、帐篷、炊具等。临别时，朱德总司令握着格达活佛的手说：“我们要北上抗日了，你们要团结，把博巴政府办好。最多10年或15年我们就会回来，胜利是属于我们的……”格达活佛深情地握着朱德总司令的手说：“菩萨保佑红军一路平安，我们等着你们胜利归来。”

格达

12

活佛

དམར་དམག་དཔུང་བསྒྲིགས་ནས་དཀར་མཛེས་རྫོང་དང་ཁ་བྲལ་དུས། བོད་རིགས་མང་ཚོགས་ཚོས་རང་མོས་ཀྱིས་ཕེབས་ལམ་གཡས་གཡོན་དུ་ལངས་ནས་དམར་དམག་ལ་ཕེབས་སྐྱེལ་ཞུས་པ་དང་། ཕན་ཚུན་བྲལ་འདོད་མེད་པའི་ངང་ནས་གུས་བཀུར་ལག་བརྡ་བཏང་བ་མ་ཟད། ད་དུང་བཟའ་ཆས་དང་འཇམ་པོ་བལ་གྱི་གྱོན་ཆས་བལ་འཁལ་སོགས་དམར་དམག་ལ་ཕྱག་རྟེན་ཕུལ་བ་རེད། ཕན་ཚུན་སྐད་བརྡ་མ་འཕྲོད་ཀྱང་མང་ཚོགས་ཀྱིས་མཐེ་བོང་བསྒྲེངས་ནས་སྐད་གསང་མཐོན་པོས་ "དམར་དམག་ཡག་པོ་འདུག" ཅེས་དགའ་འབོད་བྱས་ནས་ཁོ་ཚོའི་བརྩེ་སེམས་ཟབ་མོ་མཚོན་པ་རེད།

当红军整队离开甘孜县时，藏族群众夹道欢送红军，他们依依不舍地向红军挥手，并把当地的食品和羊毛制品送给红军。尽管语言不通，但他们仍竖起大拇指，高呼“马马，亚姆热！”（红军，最好！）来表达他们的深情。

格达活佛

13

དམར་དམག་བྱང་ཕྱོགས་སུ་སླེབས་རྗེས། གོ་མིན་ཏང་ལོག་སྤྱོད་ཕྱོགས་ཁག་དང་ས་གནས་ལོག་སྤྱོད་སྟོབས་ཤུགས་སླར་ལངས་ནས་མང་ཚོགས་ལ་འཁོན་ལན་ཆེན་པོ་སློག་པ་དང་། ཀྲུང་ཧྭ་སུའུ་ཝེ་ཨེ་བོད་པ་སྲིད་གཞུང་གི་ཁོངས་མི། དམར་དམག་གི་རྨས་མ་དང་ནད་པ་སྡོག་བཤེར་འཛིན་བཟུང་བྱས་ནས་དམར་གསོད་བཏང་བ་རེད།

红军走后，国民党反动派和地方反动势力卷土重来，对群众大肆报复，搜捕杀害中华苏维埃博巴政府成员和红军伤病员。

格达活佛

14

དམར་དམག་སྲུང་སྐྱོང་བྱེད་ཆེད། དགེ་རྟག་སྤྲུལ་སྐུ་ཡིས་ཐབས་བརྒྱ་ཇུས་སྟོང་སྤྱད་ནས་དམར་དམག་གི་རྨས་མ་དང་ནད་པ་ཚོ་ཡིབས་ཤིང་སྦས་སྐུང་བྱས་ཏེ་སྨན་བཅོས་བྱས། ད་དུང་མི་བཏང་ནས་ནད་ཐུང་དྲག་ཟིན་པའི་རྨས་མ་ཉིས་བརྒྱ་ལྷག་གཞན་གནས་སུ་བསྐྱལ།

为保护红军，格达活佛千方百计地把红军伤病员隐藏起来，并派人把200多名已康复好转的伤病员安全转移。

格
达

15

活
佛

དགེ་རྟག་སྤྲུལ་སྐུས་ཁྲག་དྲི་བྲོ་ཞིང་དྲག་གནོན་ཐེབས་པའི་དུས་སྐབས་སུའང་དམར་
དམག་དང་འདྲིས་པའི་ལོ་རྒྱུས་གཏན་ནས་བརྗེད་མེད་པར། ཁོང་གིས་བློ་རྩེ་གཅིག་སྒྲིམ་གྱིས་
དམ་པའི་ཆོས་ལ་འཆད་རྩོད་སྒོམ་གསུམ་མཛད་པ་དང་གསོ་རིག་ལག་རྩལ་སློབ་པའི་ལས་ཞོར་
དུ་གབ་ཚིག་སྦྱར་ནས་དམར་དམག་ལ་དྲན་གསོ་ཞུ་བའི་སྙན་ངག་མང་པོ་བརྩམས། རི་འགོག་
དམག་འཁྲུག་ལངས་པའི་དུས་སྐབས་སུ་ཁོང་གིས་མི་བཏང་སྟེ་མཚོ་སྔོན་ནས《པ་ལུའུ་ཀྲུན་
གྱིས་ཧྲན་ཤིས་གཡུལ་འགྱེད་བྱེད་ལུགས་ཀྱི་རི་མོ》ཞིག་ཉོས་ཏེ་ཚོམས་ཁང་དུ་བཀལ་ནས་དམར་
དམག་གིས་རི་འགོག་རྒྱལ་ཁ་མགྱོགས་མྱུར་ཐོབ་པའི་སྨོན་ལམ་བཏབ་པ་རེད།

在血雨腥风的日子里，格达活佛从未忘记与红军相处的那些时间。他在潜心研习佛经和医术之余，以佛家隐晦的词句奋笔写下了多首思念红军的诗歌。抗日战争时期，他派人在青海买回一张《八路军山西奋战图》，挂在经堂，祈祷红军早日取得抗战胜利。

16

格达活佛

གོ་མིན་ཏང་ལོག་སྤྱོད་ཕྱོགས་ཁག་དང་ས་གནས་ཀྱི་ལོག་སྤྱོད་སྟོབས་ཤུགས་ཀྱི་གནོད་འཚེ་ལས་གཡོལ་ཐབས་བྱེད་ཆེད། དགེ་རྟག་སྤྲུལ་སྐུ་ཡིས་ཀྲུང་ཧྭ་སུའུ་ཝེ་ཨེ་བོད་པ་སྲིད་གཞུང་གི་ཐམ་ཀ་དང་ཡིག་ཆ་སོགས་འཁྱེར་ནས་བོད་ལྗོངས་ལྷ་སར་ཉེན་གཡོལ་དུ་ཕེབས།

为躲避国民党反动派和地方反动势力的迫害，格达活佛带着中华苏维埃博巴政府的印章、文件到西藏拉萨避难。

格

达

17

活

佛

གཞན་ཡུལ་དུ་གྱུར་བའི་དགེ་རྟག་སྤྲུལ་སྐུ་ཡིས་དུས་དང་རྣམ་པ་ཀུན་ཏུ་གནོད་འཚེ་ཐེབས་བཞིན་པའི་ཕ་ཡུལ་དང་ཁྲག་འཐོན་དམར་འཛིང་བྱེད་བཞིན་པའི་དམར་དམག་དྲན་པས། ཞལ་འདོན་སྨོན་ལམ་འདེབས་པ་དང་། དམར་དམག་ལ་གེགས་བར་མི་ཡོང་ཞིང་བདེ་བ་ཡོང་བར་གསོལ་བ་བཏབ་པ་རེད།

在异乡作客的格达活佛，日夜思念着多难的家乡，思念着浴血奋战的红军，他为红军诵经祝福，祈祷红军平安。

格达活佛

18

1949ལོའི་སྟོན་ཁར། མཚོ་སྔོན་དང་ཀན་སུའུ་ས་ཁུལ་ལ་བཅིངས་འགྲོལ་ཐོབ་ཟིན་པའི་གནམ་བཟང་དེ་དཀར་མཛེས་རྫོང་དུ་ཁྱབ་པས། དགེ་རྟག་སྤྲུལ་སྐུ་དང་བོད་རིགས་ཀྱི་གོང་རིམ་མི་སྣ་བྱ་རྒོད་སྟོབས་ལྡན་དང་སྤང་མདའ་སྟོབས་རྒྱས་སོགས་ཀྱིས་པད་ཀྲི་སོགས་བཏང་ནས་དགྲ་བོའི་བཀག་བསྡོམས་ས་ཁུལ་བརྒྱུད་དེ། མཚོ་སྔོན་ནས་ལམ་བསྐོར་ཞིང་པེ་ཅིང་དུ་སོང་ནས། བོད་རིགས་མི་དམངས་ཀྱི་སྐུ་ཚབ་བྱས་ཏེ་མའོ་ཀྲུའུ་ཞི་དང་སྤྱི་ཁྱབ་སི་ལིང་ཀྲུའུ་ཏེ་ལགས་ལ་དར་གོས་ཕུལ་བ་དང་གུས་འདུད་ཞུས་ཤིང་། དམར་དམག་སློབས་རྗེས་ས་ཁུལ་གྱི་གནས་ཚུལ་ཞུས་པ་དང་། དུས་སྣ་ཙམ་ཀྲུང་དབྱང་གིས་དམག་མི་བཏང་ནས་ཁམས་པ་ས་ཁུལ་བཅིངས་འགྲོལ་གཏོང་དགོས་པའི་རེ་བ་ཞུས་པ་རེད།

1949年秋天，青海、甘肃获得解放的消息传到甘孜县。格达活佛同藏族中开明的上层人士夏克刀登、邦达・多吉等派柏志等人代表藏族人民，穿越敌人封锁，绕道青海到北京，向毛主席、朱德总司令献旗致敬，报告红军走后当地的情况，并请中央早日派兵解放康藏。

格达

19

活佛

1950ལོའི་ཟླ་3པར་མི་དམངས་བཅིངས་འགྲོལ་དམག་གིས་ཤིས་ཁམས་ཞིང་ཆེན་དུ་དཔུང་འཇུག་བྱས་པ་དང་། དར་མདོ་བཅིངས་འགྲོལ་བཏང་རྗེས་དགེ་རྟག་སྤྲུལ་སྐུ་དར་མདོ་དམག་དོན་དོ་དམ་ཨུ་ཡོན་ལྷན་ཁང་གི་ཨུ་ཡོན་དུ་བསྐོ་གཞག་བྱས། ཁོང་གིས་གཙོ་སྐྱོང་གནང་ནས་དཀར་མཛེས་རྫོང་ལ་མི་སྟོང་ཕྲག་གསུམ་ལྷག་འདུས་པའི་མང་ཚོགས་ཚོགས་ཆེན་ཞིག་འཚོགས་ནས་བཅིངས་འགྲོལ་ཐོབ་པའི་དགའ་སྟོན་རྟེན་འབྲེལ་ཞུས་པ་དང་། སྐུ་ཚབ་མི་སྣ་དར་མདོ་ལ་བཏང་ནས་བཅིངས་འགྲོལ་དམག་ལ་དགའ་བསུ་ཞུས་པ་རེད།

1950年3月，人民解放军进军西康省。康定解放后，格达活佛被任命为康定军事管制委员会委员。他在甘孜县主持召开了有3000多名群众参加的庆祝会，庆祝解放，并派代表前往康定欢迎解放军。

格达

20

活佛

བོད་རིགས་མང་ཚོགས་སྤྲོ་སེམས་རབ་ཏུ་འཁོལ་བའི་ངང་ནས་དུས་ཆེན་གྱི་གཟབ་མཆོར་སྤྲས་པ་དང་། ནམ་ཉིན་མཚན་དགའ་སྤྲོའི་གླུ་གཞས་བཏང་སྟེ། ཕ་ཡུལ་ལ་བཅིངས་འགྲོལ་ཐོབ་པར་དགའ་སྟོན་རྟེན་འབྲེལ་ཞུས།

藏族群众满怀喜悦心情，穿着节日的盛装，在篝火旁载歌载舞，欢庆家乡解放。

格

达

21

活

佛

དགེ་རྟག་སྤྲུལ་སྐུ་ལ་སྔ་རྗེས་སུ་ལྷོ་ནུབ་དམག་སྲིད་ཨུ་ཡོན་ལྷན་ཁང་གི་ཨུ་ཡོན་དང་། ཤིས་ཁམས་ཞིང་ཆེན་མི་དམངས་སྲིད་གཞུང་གི་ཀྲུའུ་ཞི་གཞོན་པ། རྒྱལ་ཡོངས་ཆབ་སྲིད་གྲོས་མོལ་ཚོགས་འདུའི་ཆེད་མངགས་གདན་ཞུའི་འཐུས་མི་བཅས་ཀྱི་གོ་གནས་བསྐོ་གཞག་བྱས་པ་རེད། ཁོང་པེ་ཅིང་དུ་ཕེབས་ནས་མའོ་ཀྲུའུ་ཞི་དང་སྤྱི་ཁྱབ་སི་ལིང་ཀྲུའུ་ཏེ་ལགས་མཇལ་རྒྱུའི་འདོད་མོས་ཤིན་ཏུ་ཆེ་མོད། འོན་ཀྱང་བཙན་རྒྱལ་རིང་ལུགས་པས་བོད་ལྗོངས་དབང་འཛིན་མཁན་གྱིས་པེ་ཅིང་དུ་ཞི་བའི་གྲོས་མོལ་བྱེད་པའི་སྐུ་ཚབ་གཏོང་རྒྱུར་ཐོག་མཐའ་བར་གསུམ་དུ་བཀག་འགོག་བྱེད་པའི་གནས་ཚུལ་དེ་གོ་ཐོས་བྱུང་བས། ཁོང་གིས་ཉེ་འབྲེལ་དང་གྲོགས་པོ་ཚོས་བཀག་འགོག་དང་བསླབ་བྱ་གང་འདྲ་བྱས་ཀྱང་མི་ཉན་པར་ས་གནས་དབང་འཛིན་མཁན་ལ་གོ་སྐོན་བློ་འགུག་དང་། ཞི་བའི་གྲོས་མོལ་ཚོགས་འདུ་དུས་སྔ་ཙམ་འཚོགས་ཐུབ་པ་ཡོང་ཆེད་བློ་ཐག་ཆོད་པོའི་ངང་ནས་ལྷ་སར་ཕེབས།

格达活佛先后被任命为西南军政委员会委员、西康省人民政府副主席、全国政治协商委员会特邀代表。他很想去北京见毛主席和朱德总司令。但当他看到帝国主义国家一直阻挠西藏当局派代表去北京和平谈判时，他不顾亲友的劝阻，毅然前往拉萨说服地方当局，让和平谈判早日实现。

格达活佛

22

བོད་ལྗོངས་སུ་ཕེབས་པའི་ལམ་བརྒྱུད་དུ་དགེ་རྟག་སྤྲུལ་སྐུ་ཡིས་རྟག་ཏུ་རྒྱ་ཆེ་བའི་བོད་རིགས་མི་དམངས་ལ་ཀྲུང་གྲྭན་ཏང་གི་མི་རིགས་སྲིད་ཇུས་དྲིལ་བསྒྲགས་བྱས་པ་དང་། ལམ་བརྒྱུད་ཀྱི་ཞིང་འབྲོག་མི་དམངས་ལ་ནད་བཅོས་སྨན་སྦྱིན་གནང་བ་མ་ཟད། ད་དུང་ཁོ་ཚོ་ལ་“རྗེས་མར་བཅིངས་འགྲོལ་དམག་ཡོང་དུས་བོད་སྨན་ལས་ཡག་པའི་སྨན་ཁྱེར་ཡོང་ནས་བོད་རིགས་མི་དམངས་ལ་ནད་བཅོས་བྱ་རྒྱུ་རེད་” ཅེས་གསུངས། དུས་ཡུན་ཟླ་བ་གཅིག་ཙམ་རིང་ལམ་ཁའི་དཀའ་སྡུག་མྱངས་ནས་མཐར་ཆབ་མདོར་འབྱོར། ཁོང་གིས་ཆབ་མདོ་ས་གནས་དབང་འཛིན་མཁན་དང་ལས་རིགས་ཁག་གི་མི་སྣ་དང་འབྲེལ་གཏུག་ཡོངས་སུ་གནང་ཞིང་། དེ་དག་ལ《ཐུན་མོང་རྩ་འཛིན》དང་། ཀྲུང་གྲྭན་ཏང་གི་བྱེད་ཕྱོགས་དང་སྲིད་ཇུས་དྲིལ་བསྒྲགས་གནང་བ་རེད།

去西藏的路上，格达活佛不断地向广大藏族人民宣传中国共产党的民族政策，并沿途为农民治病施药，还向他们说：“今后解放军来了，会带来比藏药好千百倍的医药为藏族人民治病。”经过一个月的长途跋涉，他到达昌都，同昌都地方当局和各界人士广泛接触，宣传《共同纲领》和党的方针政策。

格达活佛

23

ཆབ་མདོའི་ལོག་སྤྱོད་པ་ཉུང་ཤས་དང་བཙན་རྒྱལ་རིང་ལུགས་པ་དགེ་རྟག་སྤྲུལ་སྐུ་ཡི་བྱ་སྤྱོད་དེ་དག་ལ་སྐྲག་སྣང་སྐྱེས་ནས། དགེ་རྟག་སྤྲུལ་སྐུ་ནི་མི་རིགས་ཀྱི་ཁང་འདྲེན་པ་དང་ཆོས་ལུགས་ཀྱི་ངོ་ལོག་པ་རེད་ཅེས་དམའ་འབེབས་བྱས་པ་མ་ཟད། ད་དུང་བརྡ་འཕྲིན་བཀག་སྡོམ་དང་ལམ་ཡིག་མི་སྤྲོད་པ་སོགས་ཀྱི་ཐ་ཤལ་བའི་བྱེད་ཐབས་སྤྱད་ནས་དགེ་རྟག་སྤྲུལ་སྐུ་ལྷ་སར་ཕེབས་རྒྱུར་བཀག་འགོག་བྱས་པ་རེད།

格达活佛的这一行动，引起昌都少数反动分子和帝国主义分子的恐惧，他们污蔑格达活佛是民族的“败类”、宗教的“叛徒”，并采取封锁信息、不发通行证明等卑劣手段，阻挠格达活佛一行去往拉萨。

格达活佛

24

ཉེན་ཁ་དང་དཀའ་ཚེགས་ཆེ་བའི་གནས་སུ་གྱུར་བའི་དགེ་རྟག་སྤྲུལ་སྐུ་ལོག་སྤྱོད་པའི་ཇི་ཉམས་ལ་མ་སྐྲག་པར། སེམས་ཐག་ཆོད་བཅད་ནས་ལོག་སྤྱོད་ཀྱི་སྟོབས་ཤུགས་དང་འཐབ་འཛིང་བྱས་ཏེ། འཕྲལ་དུ་གློག་འཕྲིན་བཏང་ནས་ལྷ་ས་དང་ཐད་ཀར་འབྲེལ་བ་བྱ་རྒྱུའི་ཐག་བཅད་མོད། ཡིན་ནའང་གློག་འཕྲིན་འཕྲུལ་ཆས་ནི་བཙན་རྒྱལ་རིང་ལུགས་པས་ལག་ཏུ་བཟུང་ཡོད་རྐྱེན་དགེ་རྟག་སྤྲུལ་སྐུའི་རེ་བ་ལྟར་གྲུབ་མ་ཐུབ། 1950ལོའི་ཟླ་7པར། ལོག་སྤྱོད་པའི་ཆུལ་མས་དུག་བཏང་བས་དགེ་རྟག་སྤྲུལ་སྐུ་ཆབ་མདོར་ནས་གྲོངས། དགུང་ལོ་48ལས་ལོན་མེད་དོ། །

处于危难困境的格达活佛，没有被反动派的气焰所吓倒，坚决同反动势力做斗争，当即决定发电报同拉萨直接联系，但因电台由帝国主义分子控制，不能如愿。1950年7月，格达活佛在昌都被分裂主义分子毒害，含恨圆寂于昌都，时年48岁。

格达活佛

25

དགེ་རྟག་སྤྲུལ་སྐུ་ཆབ་མདོར་སྐུ་གྲོངས་པའི་གནམ་ངན་དེ་ལམ་སང་འབྲི་ཆུའི་གཡས་གཡོན་གྱི་ས་ཆ་ཀུན་ལ་ཁྱབ་པས། རྒྱ་ཆེའི་བོད་རིགས་སེར་སྐྱ་མང་ཚོགས་ལ་སྐྱོ་སྣང་ཆེན་པོ་བྱུང་བ་དང་། ཁོ་ཚོས་རྒྱལ་གཅེས་ཆོས་སྐྱོང་གི་མཆོག་སྤྲུལ་ཞིག་འདས་པ་ལ་སེམས་ཕམ་ཡིད་ཆད་བྱུང་ནས། དགེ་རྟག་སྤྲུལ་སྐུ་ཡི་མེས་རྒྱལ་གཅིག་གྱུར་དང་། བོད་རིགས་མི་དམངས་ཡར་ལངས་བཅིངས་འགྲོལ་ཐོབ་པའི་ཆེད་དུ་རང་སྲོག་བློས་བཏང་བའི་མཛད་རྗེས་རླབས་ཆེན་དེ་དག་མི་དམངས་ཀྱི་སེམས་ནང་དུ་རྗོ་ལ་རི་མོ་བརྐོས་པ་ལྟར་བརྟན་པོར་བཞག་ཡོད། རྒྱ་ཆེའི་སེར་སྐྱ་མང་ཚོགས་པེ་རི་དགོན་པ་ལ་གཅིག་རྗེས་གཉིས་མཐུད་དུ་སོང་ནས་ཞལ་འདོན་སྨོན་ལམ་བཏབ།

格达活佛在昌都被害的消息立刻传遍了金沙江两岸，广大藏族僧俗悲痛万分，他们为失去了一位爱国爱教的杰出活佛伤感不已！格达活佛为祖国统一，为藏族人民翻身解放而献身的丰功伟绩永远铭刻在人民的心中，广大僧俗纷纷前去白利寺念经祈祷。

格达活佛

26

མྱ་ངན་ཞུ་པའི་ཚོགས་ཆེན་ཐོག་དགེ་རྟག་སྤྲུལ་སྐུ་སྐུ་བཞུགས་དུས་ཀྱི་ཞལ་མཐུན་གྲོགས་པོ་རྣམས་ཚོགས་ཆེན་དུ་ཞུགས་ནས་མྱ་ངན་ཞུས། ལྷོ་ནུབ་དམག་སྲིད་ཨུ་ཡོན་ལྷན་ཁང་གི་འགོ་ཁྲིད་ལིའུ་པད་ཁྲིན་དང་། ཏེང་ཞའོ་ཕིང་། ཧོ་ལོང་སོགས་ཀྱིས་དགེ་རྟག་སྤྲུལ་སྐུ་ལ་མྱ་ངན་ཞུ་པའི་ཕྱག་བྲིས་གནང་བ་དང་། ཤིས་ཁམས་ཞིང་ཆེན་དམག་སྲིད་སྡེ་ཚན་ཁག་གིས་ཕུལ་བའི་མཆོད་རྫས། ས་གནས་དེ་གའི་སེར་སྐྱ་མི་སྣ་ཕུལ་བའི་འདས་མཆོད་མེ་ཏོག་ཕྲེང་བ་སོགས་མཆོད་ཁང་གི་ཀུང་ངོས་ཕྱོགས་བཞིར་གང་བར་བཀལ་ནས། མེས་རྒྱལ་དང་མི་དམངས་ཀྱི་དོན་དུ་རང་སྲོག་བློས་བཏང་བའི་དགེ་རྟག་སྤྲུལ་སྐུ་ལ་མྱ་ངན་ཞུས་པ་རེད།

在追悼大会上，西南军政委员会的刘伯承、邓小平、贺龙等领导为格达活佛撰写的挽联，西康省军政部门送的祭幛和当地僧俗送的花圈挂满佛殿四壁，格达活佛的生前好友到会致哀，悼念为祖国、为人民而献身的格达活佛。

格達活佛永垂不朽
奠
奠
奠

中華人民共和
民族團结起

格达

27

活佛

སྤྱི་ཁྱབ་སི་ལིང་ཀྲུའུ་དེ་ཡིས་དགེ་རྟག་སྤྲུལ་སྐུ་ལ་ཚད་མཐོའི་གདེང་འཇོག་གནང་བ་དང་ཁོང་སྐུ་གཤེགས་པར་མྱ་ངན་ཞུས། དགེ་རྟག་སྤྲུལ་སྐུའི་རྒྱལ་གཅེས་བྱས་རྗེས་ལ་བསྔོད་བསྔགས་བྱེད་ཆེད། མའོ་ཀྲུའུ་ཞི་མཆོག་གིས་སྐུ་དངོས་ནས་ཕྱག་བྲིས་གནང་བའི་ "ཀྲུང་ཧྭ་མི་དམངས་སྤྱི་མཐུན་རྒྱལ་ཁབ་ཀྱི་མི་རིགས་ཁག་མཐུན་སྒྲིལ་བྱོས་ཤིག" ཅེས་པའི་དར་གོས་གཅིག་དང་ཇ་འཁོར་བརྒྱ་ཐམ་པ་ཀྲུང་དབྱང་མཚམས་འདྲིའི་ཚོགས་པ་དང་ལྷོ་ནུབ་འཚམས་འདྲིའི་ཚོགས་པ་ལ་སྐུར་ནས་ཐད་ཀར་སྤྲར་དགེ་རྟག་སྤྲུལ་སྐུས་གཙོ་སྐྱོང་མཛད་པའི་དཀར་མཛེས་བེ་རི་དགོན་པར་སྐྱེལ་བ་རེད། འཚམས་འདྲིའི་ཚོགས་པས་དགེ་རྟག་སྤྲུལ་སྐུའི་ཕ་ཡུལ——དཀར་མཛེས་རྫོང་བེ་རི་ཤང་གི་བདེ་སྐྱིད་སྡེང་གྲོང་སྡེ་ལ་ཕེབས་ནས། དགེ་རྟག་སྤྲུལ་སྐུའི་གཉེན་ཉེ་རྣམས་ལ་འཚམས་འདྲི་མཛད་པ་དང་འཚམས་འདྲིའི་དངོས་པོ་འབོར་ཆེན་སྩལ་བ་རེད།

朱德总司令对格达活佛给予了高度评价，对他的圆寂表示哀悼。为表彰格达活佛的爱国事迹，毛主席把亲笔写的“中华人民共和国各民族团结起来”的锦旗和100包藏茶，委派中央访问团和西南慰问团直接送到格达活佛所住持的甘孜县白利喇嘛寺。访问团又亲自到了格达活佛的家乡——甘孜县白利乡色西底村慰问格达活佛的亲属，并送去大量慰问品。

格达 28 活佛

1950ལོའི་ཟླ་10པར། ཀྲུང་གོ་མི་དམངས་བཅིངས་འགྲོལ་དམག་གིས་ཤི་ཁམས་བཅིངས་འགྲོལ་བཏང་རྗེས། མུ་མཐུད་ནས་གནམ་ལྕགས་ཐོག་མདའ་འབབ་པ་ལྟར་འབྲི་ཆུ་བརྒལ་ནས་དམག་རྒྱག་ཐེངས་གཅིག་གིས་ཆབ་མདོ་བཅིངས་འགྲོལ་བཏང་བ་རེད། གནས་ཚུལ་དེའི་རྐྱེན་གྱིས་བོད་ལྗོངས་ས་གནས་དབང་འཛིན་མཁན་གྱིས་སྐུ་ཚབ་བཏང་ནས་1951ལོའི་ཟླ་5པའི་ཚེས་23ཉིན་པེ་ཅིང་དུ་ཀྲུང་དབྱང་གི་སྐུ་ཚབ་དང་མཉམ་དུ《ཀྲུང་དབྱང་མི་དམངས་སྲིད་གཞུང་དང་བོད་ལྗོངས་ས་གནས་སྲིད་གཞུང་བར་གྱི་བོད་ལྗོངས་ཞི་བའི་བཅིངས་འགྲོལ་གཏོང་རྒྱུའི་སྐོར་གྱི་གྲོས་མཐུན་ཡིག་ཆ》སྟེང་ལ་མིང་རྟགས་བཀོད།

1950年10月，中国人民解放军解放西康后，又以雷霆万钧之势渡过金沙江，一举解放了昌都。迫于形势，西藏地方当局派出代表，于1951年5月23日在北京同中央代表签订了《中央人民政府和西藏地方政府关于和平解放西藏办法的协议》。

格达活佛

29

དགེ་རྟག་སྤྲུལ་སྐུའི་རྒྱལ་གཅེས་བྱས་རྗེས་ལ་བསྔོད་བསྟགས་བྱ་ཆེད། 1991ལོར་དཀར་མཛེས་ཁུལ་མི་དམངས་སྲིད་གཞུང་དང་དཀར་མཛེས་རྫོང་མི་དམངས་སྲིད་གཞུང་གཉིས་ཀྱིས་དགེ་རྟག་སྤྲུལ་སྐུའི་ཕ་ཡུལ་ཏེ། བདེ་སྐྱིད་སྟེང་ཞག་ཆུའི་འགྲམ་དུ་ཁོང་ལ་དྲན་གསོ་ཁང་གསར་པ་ཞིག་བཞེངས་ཤིང་། སྐབས་དེར་ཀྲུང་གོ་གུང་ཁྲན་ཏང་ཀྲུང་དབྱང་སྲི་ཁྲབ་ཧྲུའུ་ཅི་དང་ཀྲུང་ཧྭ་མི་དམངས་སྤྱི་མཐུན་རྒྱལ་ཁབ་ཀྱི་ཀྲུའུ་ཞི་འཁྲན་བཞེས་པའི་ཙང་ཙེ་རྨིན་མཆོག་གིས་སྐུ་དངོས་སུ་སྒོ་བྱང་ལ་སྤྱི་ཁྲབ་སི་ཋིང་ཀྲུའུ་ཏེ་དང་དགེ་རྟག་སྤྲུལ་སྐུ་སྐུ་ཕྲེང་ལྔ་པའི་དྲན་གསོ་ཁང་ཞེས་ཕྱག་བྲིས་མཛད་པ་དང་། དྲན་གསོ་ཁང་གི་སྒོ་རའི་དཀྱིལ་ལ་དགེ་རྟག་སྤྲུལ་སྐུའི་ཟངས་སྐུ་ཆེན་པོ་ཞིག་བཞེངས་ནས་ཁོང་གིས་བྱམས་བརྩེས་ཁེངས་པའི་གཟུགས་བྱད་ཀུན་གྱི་མིག་གི་མཐོང་ཡུལ་ལ་སྣང་དུ་ཡོད་པར་བྱས་ཡོད། དགེ་རྟག་སྤྲུལ་སྐུ་ནི་དུས་ནམ་ཡང་མི་རིགས་ཁག་གི་མི་དམངས་ཀྱི་སེམས་ལ་བཞུགས་ཡོད་ལ། ཁོང་གིས་མཛད་རྗེས་ནི་ཇི་སྲིད་བར་དུ་མི་ཀུན་གྱིས་གླེང་ངེས་སོ། །

为纪念那段各族人民风雨同舟、并肩作战的日子，甘孜藏族自治州政府和甘孜县政府于1991年在格达活佛的家乡色西底村的雅砻江畔新建了一所纪念馆，时任中国共产党中央委员会总书记、中华人民共和国主席江泽民同志亲笔题写了馆名——朱德总司令和五世格达活佛纪念馆。朱德总司令与格达活佛的友谊必将为后人所永远铭记、世代相传！

图书在版编目（CIP）数据

藏族爱国佛学家：格达活佛画传：藏、汉 / 邓珠拉姆撰文；仁真朗加，仁真桑丹绘著. -- 成都：四川美术出版社，2024.6
ISBN 978-7-5740-1075-8

Ⅰ. ①藏… Ⅱ. ①邓… ②仁… ③仁… Ⅲ. ①格达活佛（1903-1950）—传记—画册 Ⅳ. ①B949.92

中国国家版本馆CIP数据核字(2024)第062952号

藏族爱国佛学家：格达活佛画传（藏汉对照）

ZANGZU AIGUO FOXUEJIA：GEDA HUOFO HUAZHUAN

撰文　邓珠拉姆
绘著　仁真朗加　仁真桑丹

责任编辑　廖梦雪　邓巴腊姆　王　荻
责任校对　陈　玲　田倩宇
藏文校对　丹曾央吉
责任印制　黎　伟
出版发行　四川美术出版社
（成都市锦江区工业园区三色路238号 邮编：610023）
制　　作　成都华桐美术设计有限公司
印　　刷　成都市东辰印艺科技有限公司
成品尺寸　230mm×230mm
印　　张　5
字　　数　50千
图 幅 数　29幅
版　　次　2024年6月第1版
印　　次　2024年6月第1次印刷
书　　号　ISBN 978-7-5740-1075-8
定　　价　89.80元